客室清掃の魔法

幸循環を生み出す客室清掃マジック

編著 セイビ九州
マンガ 松本康史

梓書院

まえがき　～本書刊行に寄せて～

セイビ九州は昭和44年に創業し、今日に至るまでホテル客室の清掃業務の事業を展開してきました。

当社が50年を超える歩みを続けている間、社会も大きく様変わりしています。ホテル業界の成長・発展も目覚ましいものがありますが、同時に解決すべき課題も山積しています。

目下の問題はコロナ禍ですが、ホテル業界を悩ませている慢性的な課題として「人材不足」が挙げられます。これは業種を問わず社会全体の問題でもありますが、ホテル業界も例外ではありません。とりわけ、客室清掃という部分では深刻です。

言うまでもなく、ホテルが提供するサービスの基本は「宿泊」にあり、その商品は「客室」です。従って、客室清掃業務はホテル自体の質を形成する〝要〟になります。そこをいかに高めていくかが、ホテルの価値に直接関わってくるのです。その品質管理の現場で人材が不足するというのは、ホテルの運営にとって抜き差しならない問題です。

もちろん、人を集めるだけでこれらの問題が解決するわけではなく、人材を確保した後には適切な教育を行い、より業務に貢献できるよう戦力化し、さらにそうした人材の定着化を図る必要があります。当然、財務的・人的なコストがかかりますが、ホテル運営の立場としてもリソースを潤沢に抱えているわけではありません。

こうしたジレンマに関する相談は当社でも近年増え続けており、私たちはそうしたお話をお受けするたびに当該ホテルの抱えている課題を総合的に考え、お客様の発展や生き残りに向けて共に知恵を絞り、自社サービスの力で解決してきました。

セイビ九州は、50年の歴史の中で客室清掃・施設管理に関するノウハウを蓄積し、人材の確保にも尽力してきました。九州のホテル業界を支えているという自負もあります。この私たちの業務の中で、大切にしていることが3つあります。

1. 客室清掃の正しい技術を伝えていくこと。
2. 常に客室清掃の品質向上に努めること。
3. これらを実現できるチーフ（現場責任者）を育てていくこと。

1の技術継承は、ホテルの品質保持において基本の中の基本です。技術が伴わない客室清掃は、完成度もコストパフォーマンスも低く、その影響は直接ホテルの運営に跳ね返ってきます。

2の品質向上は、ホテルのサービスを持続させていく上で重要なポイントです。業界の激しい競争の中で、「きれいに仕上げる」ことは当たり前。少しでもゲストに喜ばれたい、お客様のお役に立ちたいという気持ちで、お客様の期待を超えるまごころからの品質作りとサービスを提供することで感動を生み、満足度を高め、リピーターや新規顧客の獲得に繋げることがホテルの繁栄と永続を可能にする。私たちはそう考えています。

また、3は現在のホテル業界において喫緊の課題と言えます。客室をつくるのは個々のスタッフですが、その一人ひとりが客室清掃業務にどう取り組み、どのようなマインドでホテルの品質向上と向き合っていくか、職場運営にあたってはチーフの力量が大きな要素を占めています。その反面、前述の人手不足や、働き方の多様化によって、チーフの育成は年を追うごとにその重要性が増しています。優秀なチーフをどれだけ育てていけるかが、これからの業界を左右する鍵となるでしょう。

しかし、セイビ九州には創業以来積み重ねてきた実績とノウハウがあります。現場チーフの役割とは何か、良いチームをつくるにはどのような方法があるか、仕事のモチベーションを高めるにはどうすればいいか……これらの課題に対する回答を試行錯誤の末につくり上げ、いわば「セイビ方式」とも呼べる体制を構築。優秀なチーフを多く育成し、各現場へ派遣し続けてきました。これらの知見と、人材の提供をもってホテル業界に貢献することが当社の役割だと考えています。

幸い、こうしたビジョンに共感してくれる多くのスタッフが集まり、同時にホテル業界での様々な出会いにも恵まれ、私たちは次の50年に向けて走り続けています。九州のホテル業界、施設管理を行うものとしての責任を感じつつ、感謝と誇りをモチベーションにして次の時代へと向かっているのです。

本書は、これらのノウハウを広く業界内で共有するため、また私たちの歩んできた道における一里塚をつくるという意味も込め、社内スタッフの熱意を結集して制作いたしました。現場の声を拾い、ホテル関係者のお話にも耳を傾けながら、現実に即した内容に仕上げております。

お忙しい方にも気軽に読んでいただけるよう、かつこれから業界に入って来られる世代の方々にも親しみを持っていただけるようにと考え、マンガという形式をとっております。ご一読いただければ幸いです。その結果として、共にホテル業界の明日を考えていける仲間が増えることを祈っております。

令和3年9月

株式会社セイビ九州　代表取締役社長　森永 幸次郎

華やかなホテルの世界
清潔感あふれるロビーや客室
PRESIDENT
凛々しいスタッフ
快適なおもてなし
しかしその舞台裏では
スポットライトを
浴びることはなくとも
日々輝きを放つ
スタッフたちがいる
アメニティの抜け漏れ
バスルームに毛髪
テーブルにコップ
の跡…
全然ダメ やり直し！
チーフ（現場責任者）
久保
す すみません…
これはそんな世界に飛び込んだ
一人の女性の成長の物語である

完璧にやったつもりだったんだけどな
はーーっ
藤田翔子
客室清掃見習い中
よし 顔が映るくらいに磨いてやる!
さっさっ
オールOK!
よかった!
でも時間をかけ過ぎね
次はもっと早く!
あ～
指導者
佐野

やっぱり私
この仕事に向いて
ないんでしょうか？
あらら
入って3日目で
もう弱気モード？
大丈夫 最初から
できる人なんていないから
私も失敗ばかりしてた
そうなんですか？
でも素敵な先輩と
出会ったおかげで
成長できたの
不器用な人ほど
長続きするものよ
一心不乱にやるから
はい！ 一人前目指して
頑張ります！

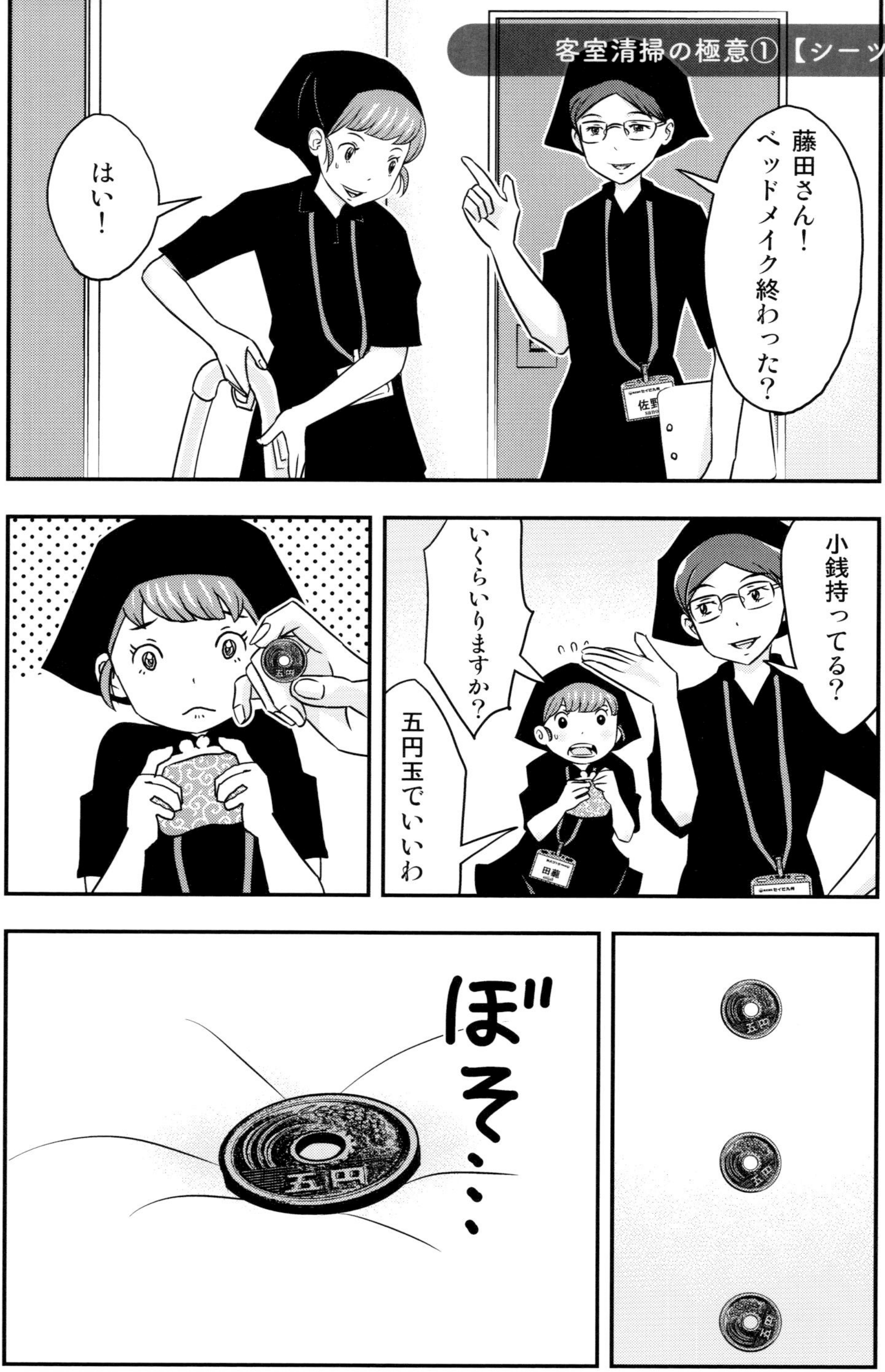
客室清掃の極意①【シーツ編】
藤田さん！ベッドメイク終わった？
はい！
小銭持ってる？
いくらいりますか？
五円玉でいいわ
ぼそ…

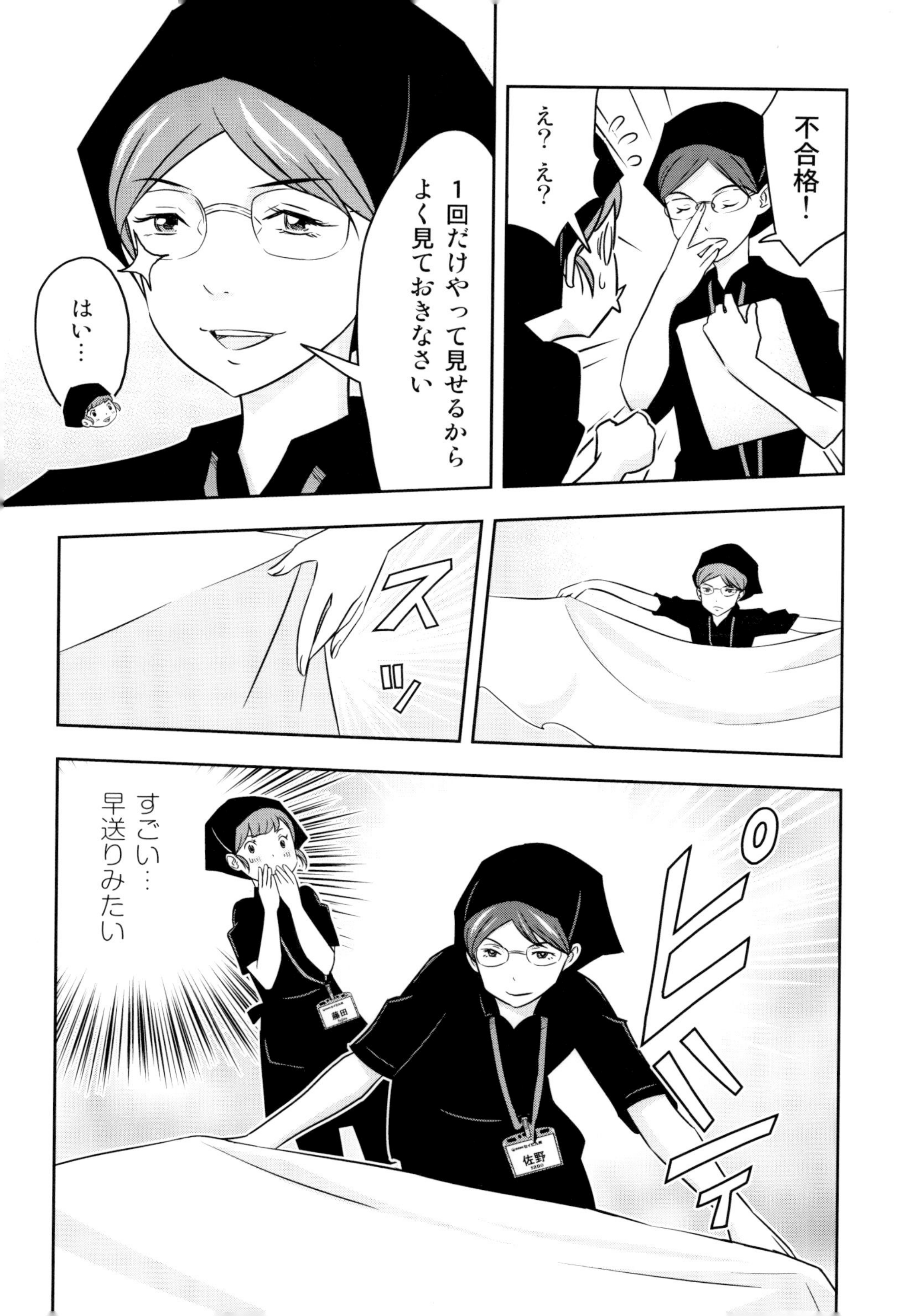
不合格！
え？ え？
1回だけやって見せるから
よく見ておきなさい
はい…
スッ
ピシィ
すごい…
早送りみたい
藤田
佐野

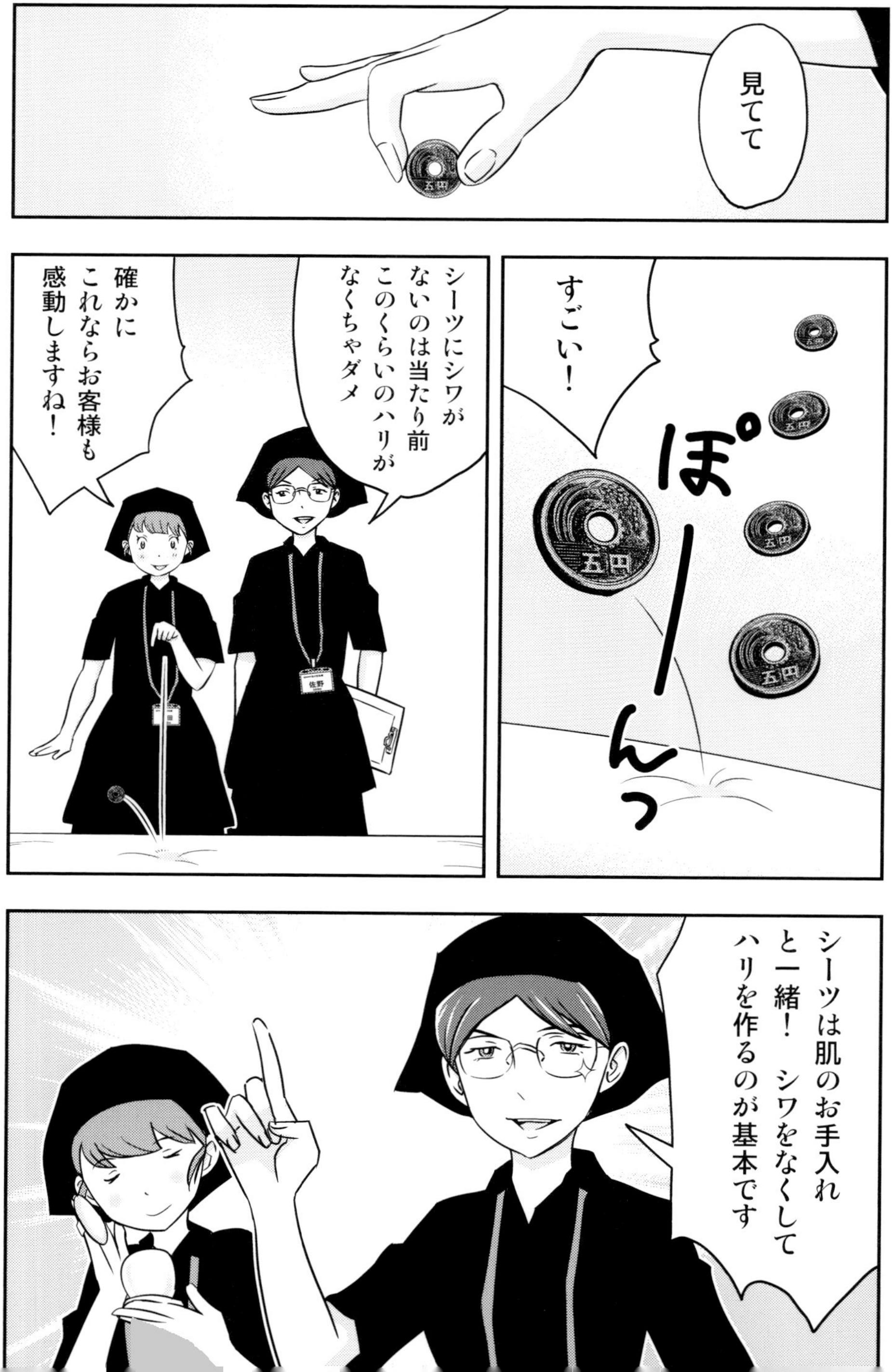
見てて
すごい！
ぽーんっ
シーツにシワがないのは当たり前このくらいのハリがなくちゃダメ
確かにこれならお客様も感動しますね！
佐野
シーツは肌のお手入れと一緒！　シワをなくしてハリを作るのが基本です

客室清掃の極意②【バスタブ編】

ガラッ
バスルーム終わりました！
じゃあバスタブの中に座ってみて
え？
これに何の意味が…

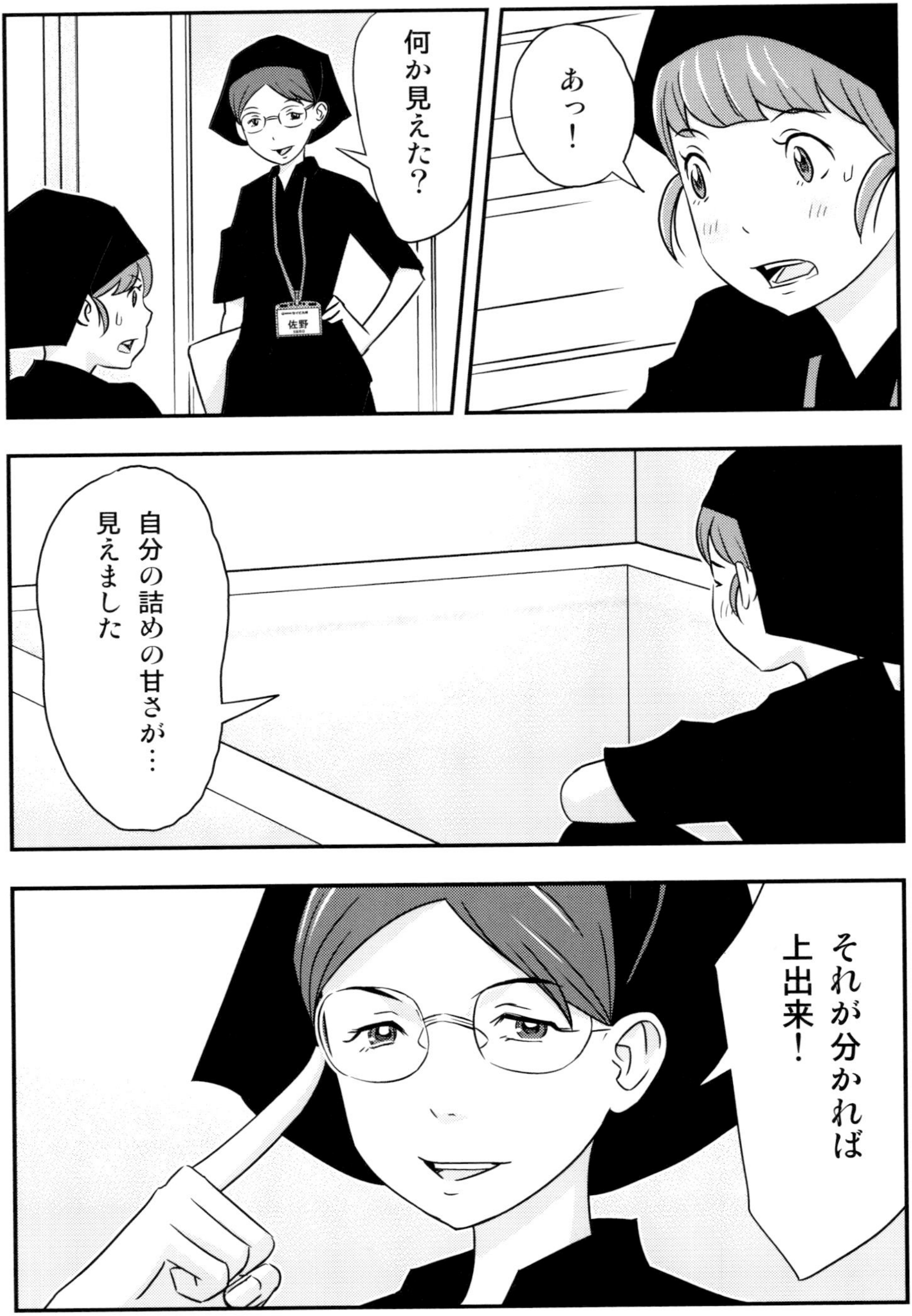
あっ！
何か見えた？
佐野
自分の詰めの甘さが…見えました
それが分かれば上出来！

口先だけの〝お客様目線〟じゃダメ
実際にお客様の気持ちになって視点を合わせることが大切よ
お客様の気持ちになって…
あー 働いた後の風呂は格別ですなぁ
そこまで合わせなくていいから

?
佐野さん
そこで何をやってー
ぶるぶるぶる
ぴたっ
ここ！
良く見て!!
鏡の拭き上げなら
ついさっき仕上げて…

曇ってる！
おかしいなぁ きちんと拭いたのに
鏡やガラス ステンレスは すぐ拭き上げないとだめ
後回しにすると 水垢が残ってしまうの
そうなんですね…
それをなぜ 見落としたのか 分かる？
分かりません！
あなたは 藤田翔子の目線で チェックしたでしょう？

でもお客様は
みんなあなたと
同じ身長じゃない
いろんな
高さ・角度から
眺めなきゃ
特に鏡は大切
汚れていたら映る人も
汚れてしまうから
確かに…
……
磨き直したら
私も美しくなった気が！
気のせいです

ポイント解説❶

客室清掃の極意（シーツ・バスタブ・鏡）

ここまでは、現場で行う作業の中から「シーツ」「バスタブ」「鏡」という3シーンをピックアップしてお伝えしました。いずれのストーリーも、当社の研修で実際に行われている内容がベースとなっており、決して大げさな話ではありません。

【シーツ編】では、「お客様を感動させる品質」について登場人物が語っています。冒頭序文でもお伝えした通り、客室を美しく仕上げるのは当たり前のことで、目指すべきはさらに上の次元です。お客様の期待を上回らなければ最高のCSは実現できません。最高のCSとは感動レベルの品質を意味し〝シーツの張りでコインが跳ねる〟というのはその象徴のひとつでもあります。

【バスタブ編】のストーリーで指導者が新人スタッフに送ったメッセージは、「清掃をする立場の目線だけではなく、お客様目線を肌で感じなさい」ということです。実際の研修においても、「本当のお客様目線とは何か」について自分で考える習慣をつけるために、言葉を重ねて説明するよりもできるだけ実体験を重ねるように努め、その習慣づけのきっかけにしています。

そして、【鏡編】で指導者が伝えているのは、「どんなお客様にも満足していただけるサービスを提供する」ということです。ゲストの目的は様々で、ビジネス客もいれば、家族旅行客もいます。大切な誰かに会いに行く人もいるでしょう。当然、年齢や性別、国籍も多種多様です。そのような違いはあっても、皆様に等しく快適な空間で快適な時間を過ごしていただけるよう努力することが、客室清掃スタッフには求められます。もしこれが徹底できていなければ、お客様の満足度の低下を招き、それは「ホテルのせい」になってホテル全体の価値が下がってしまいます。それに伴って、宿泊した街の印象も悪くなってしまうでしょう。絶対に避けなくてはならないことです。

こうした品質向上のための努力は、客室清掃の現場では枚挙にいとまがありません。例えば、椅子を清掃する際には丁寧に拭き上げるだけでなく、継ぎ目の部分に髪の毛などが挟まっていないかまでチェックする、便利な清掃グッズやアイデアを見つけたら社内的に共有し、清掃の質向上とスピードアップを図る、共有スペースや備品、あるいは清掃時に使うバッグなどは常に作業効率を上げるためにレイアウトなどの改善工夫を行っています。

研修や教育によってこれらの様々な努力や工夫を徹底している部分もありますが、現場で「いい仕事をしよう」という気持ちがひとつになって、自然発生的に起きている事例も多く見られます。「きれいに仕上げる」「効率的に進める」という当たり前のことに加え、様々な工夫や努力でワンランク上のサービスをつくっていくのです。ここに、家庭での「お掃除」と仕事の「清掃業務」の違いがあります。「掃除や片付けが好き」な人や、「なんでもテキパキとこなす」といったタイプの人は世の中に多くいますが、それだけでは足りません。「もっときれいに、もっと効率的に」を最大限に意識する必要があるのです。

また、前述の通り、チェックインされるお客様の目線は最重要項目なのですが、それだけでなく、いつ・誰に見られても恥ずかしくない仕事をするように徹底することも忘れてはなりません。つまり、スタッフの仕事におけるモラルの向上です。職場のモラルと品質は間違いなく比例します。

このモラルの欠如が起こした事例として挙げら

れるのが、某国の高級ホテルで起きた問題です。2018年に起きた事例で、日本でも広く報道されたのでご記憶の方も多いかもしれません。清掃スタッフが使用済のタオルを使って床やバスタブ、便器などを拭き、あろうことかそのタオルでバスルームのコップやコーヒーカップまで拭き上げていたという事実が発覚したのです。この動画がSNS上で拡散され、ホテル側は謝罪に追われ、利用客は激減しました。しかもこれは一つのホテルで起きたことではなく、同国内の世界的に有名な五つ星ホテルのいくつかでも、同じような事例が見られたのです。

耳目を疑うような話ですが、これを対岸の火事だと片付けてはいけません。まず、こうしたことがなぜ起きたのでしょうか？　原因は清掃スタッフ個人の意識が低かったことによるものもあるかもしれませんが、根本にあるのは、技術だけでないモラルや道徳など「考え方」の教育不足と、それがもたらす職業モラルの低下です。ましてや今は、SNSで瞬時にものごとが拡散される時代。何かが起きてからでは遅すぎるのです。

幸い日本のホテル業界ではこのような悪質な事例はまだ報告されていませんが、飲食店、コンビニなどでの職業モラルの低下が露見するような動画は、SNSでいくつも見られます。決して他人事ではないのです。

「いつ・誰に見られても恥ずかしくない仕事」――これを実現するために、セイビ九州では、現場で行う研修や、それをサポートするためのマニュアル、動画による技術教育だけではなく、それらに加えて意識啓発やCCS（コーポレートカルチャースタンダード：セイビ九州理念共有ブック）を使った会社の理念や道徳教育にも力を入れています。チーフによるスタッフの意識啓発もしかりです。この本にもそのような理念道徳教育が含まれています。

そして、最後に重要なのがスタッフの仕事へのモチベーションを醸成すること。つまりマインドの育成です。〝やりがいと責任感〟と言い換えてもいいかもしれません。

客室清掃の仕事は、特別な資格などを必要とせず、年齢や性別などの間口も他業種と比べて広いため、ともすれば「誰にでもできる仕事」と捉えられてしまいがちです。しかしこれは大きな誤解です。

ホテルの客室清掃では、限られた時間で決められた部屋を全て仕上げることが求められます。これをやるには、作業を全てこなすための段取りを考え、それを効率よく組み立てて実行していかなくてはなりません。客室の状態は利用者の使い方によってそれぞれ異なり、思い通りに進まないこともあります。さらに、不測のトラブルなどがあれば即対応することも必要です。

これだけでも、「誰にでもできる仕事ではない」ことがご理解いただけるかと思います。しかしここまでに挙げた要素は最低限必要なレベルのものであって、スタッフにはこれらに加えて、今まで述べてきたような心配りや、「お客様目線」という想像力も求められるのです。

こういった仕事を一つ一つ身に着けることによって、お客様から感謝の言葉をもらえるようになり、仕事を通して成長を実感できる。

きれいなものをつくる。そして自分でやった仕事の結果が自分自身で実感できる。

したがって、やりがいや達成感を味わうことが出来る。

それゆえ、未経験でも出来る仕事ですが、本当にやりがいのある仕事です。

こうした環境の中でも、自分の仕事に〝やりがいと責任感〟を持ち、長く、楽しく仕事をしてもらうために、重要になってくるのがスタッフ個々の啓発と、優れたチーフの育成です。特にチーフの存在は客室清掃業務の核を成すものなので、セイビ九州でもチーフの育成に重点を置き、まずはチーフが仕事へのモチベーションを高め、それがスタッフに広がっていくような環境をつくっています。仕事がうまくいかない時には本社マネージャーによるフォローや、チーフ同士で支え合う仕組みも用意し、つまづく人が出ないように本社マネージャーがサポートしています。

これについては、後の機会に詳しくお伝えしていきたいと思います。

7F
ばっ
完了！
26分か…
10:26
フロン

今回の部屋の状態なら
あと5分は短縮できるはずね
5分！
それに掃除機のかけ方が甘い！
これは…お菓子の屑？
たとえお客様の目に入らなくても 小さなゴミや汚れの積み重ねが匂いを生むの
宿泊中は お客様にとって この部屋が「我が家」です
我が家…

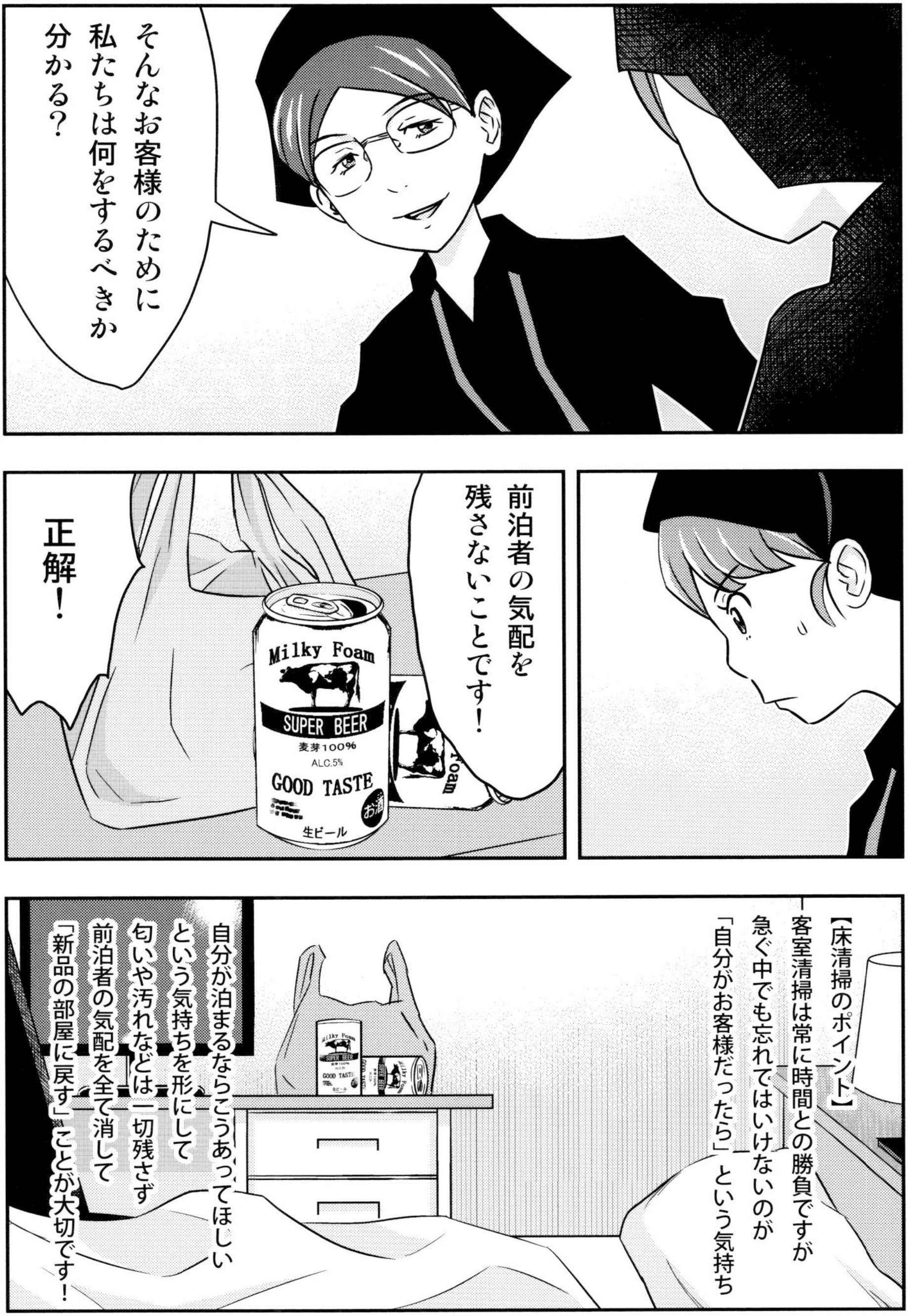
そんなお客様のために私たちは何をするべきか分かる？
前泊者の気配を残さないことです！
正解！
Milky Foam
SUPER BEER
麦芽100%
ALC.5%
GOOD TASTE
お酒
生ビール
【床清掃のポイント】
客室清掃は常に時間との勝負ですが
急ぐ中でも忘れてはいけないのが
「自分がお客様だったら」という気持ち
自分が泊まるならこうあってほしい
という気持ちを形にして
匂いや汚れなどは一切残さず
前泊者の気配を全て消して
「新品の部屋に戻す」ことが大切です！

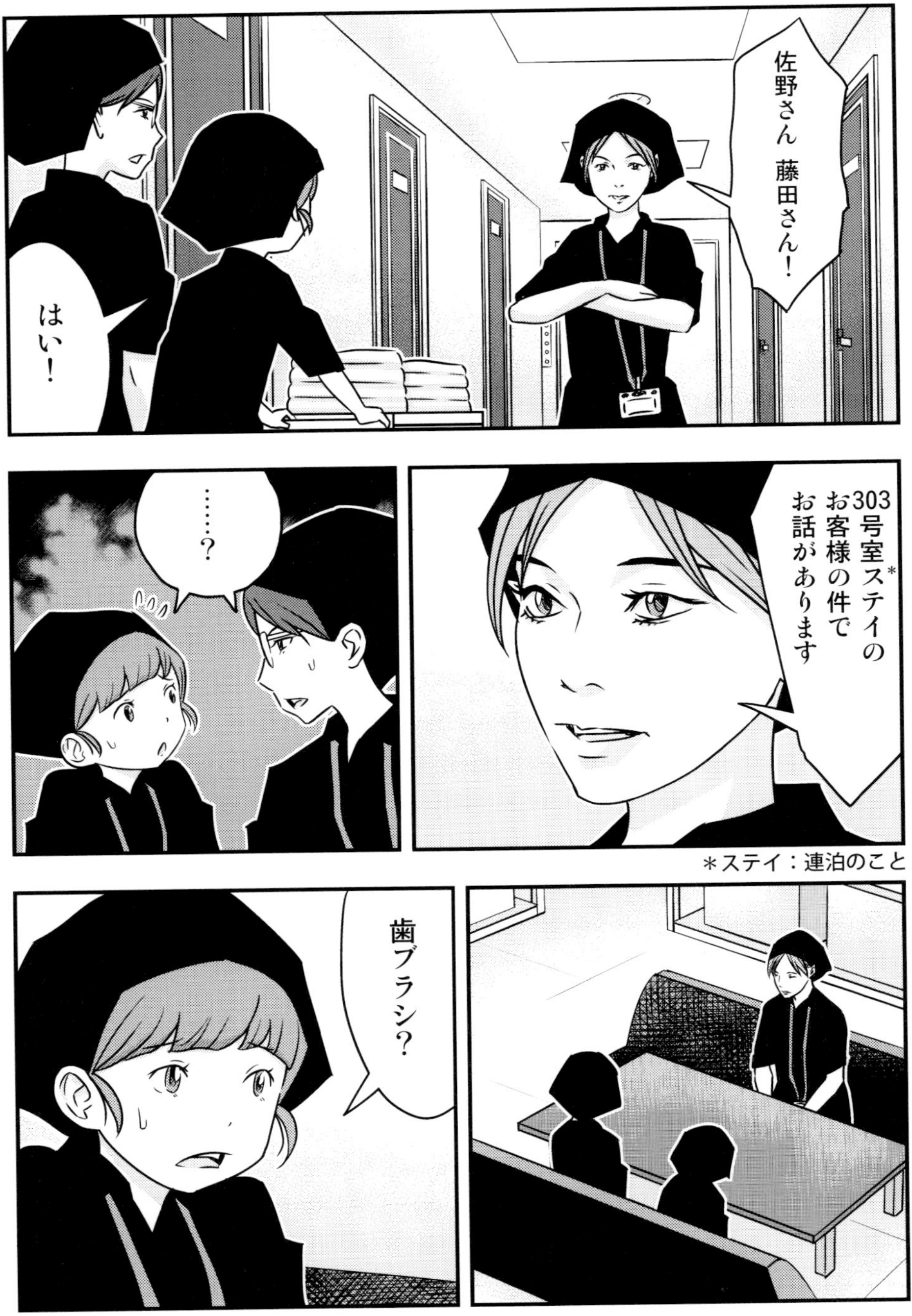
佐野さん　藤田さん！
はい！
303号室ステイ＊のお客様の件でお話があります
……？
歯ブラシ？

＊ステイ：連泊のこと

歯医者で処方された歯ブラシだったらしいんです
歯周病がひどくて専用の歯ブラシじゃないとダメらしく なぜ捨てたのかと大クレームです
捨てちゃったの？
見分けがつかなくて…
お客様はもう1泊の予定でしたがキャンセルされました
とにかく二度とこんなことがないように
厳重注意です

ステイのお客様には
それなりの
対応があるの
！
もう一度
そこを教え直しましょう
お お願いします！
【ステイのお客様の対応ポイント】
「ここはそのままでＯＫ ここはキレイに」と
指示をくださる人 全てお任せの人
持ち物を触られることを極端に嫌がる人
ステイのお客様にも色々な方がいます
ホテルと連携をとって
対応を細やかに考えることが大切
同時に入室した際に部屋の状態を覚えて
原状復帰することや 私物とホテルの物とを
注意深く見分ける丁寧さが求められます

ヤバい！今日はペースが遅れてる！
次は317号室！
ガチャッ
えっ!?
わー！

ばたんっ
？
いい加減にしなさい！
清掃員控室
アウト部屋でも
必ずノック
ドアはそっと開ける
何度も言ったでしょ！
すみません！
しかも謝罪なしで
その場から逃げるなんて
幸い 心の広い
お客様だったから
助かったけど

本当に…
本当に申し訳ございません！
遅い！
その言葉は ミスをした
その場で出しなさい！
……
【ありがちなミス】
最もミスが起こりがちなのが
焦っている時です
手順を間違えたり
ルーティンを飛ばしたりして
ありえないミスもしてしまいます
もし間違って在室中のドアを開けてしまったら
とにかく心を込めて謝罪するしかありません
小さな〝うっかり〟がホテルの価値を
下げてしまうことを忘れずに！

ポイント解説❷

こんなミスに気を付けよう

客室清掃の仕事は、たとえるなら「積み木」のようなものです。一つひとつのピースを丁寧に積み重ねていくと、全体も美しく仕上がります。しかし少しでも雑な部分があると、全体の美しさまで損なわれてしまいます。あるいはミスが起きると、どれだけ高く積み上げた作品も、あっという間に崩れ落ちてしまうのです。

ベッドメイク、バスルーム清掃、床掃除、窓や鏡面磨き……とスタッフは客室のピースを丁寧に素早く積み上げていきますが、それでも人間のやることですから、ミスは起こり得ます。

ホテルは客室が商品です。その客室にミスや不手際があったら、不良品を売ったことになってしまいます。これはあってはならないことですから、まずは防止を徹底するための対策を取ります。そして同時に、もしミスが起きてしまったらということをシミュレーションし、どう対応すればいいかをしっかり教育することが必要なのです。この、ミス防止の最後の砦がインスペクション（清掃点検）です。

そして、残念ながら本書では詳しく触れることができませんが、もっとも重要なことは「仕組みと環境作り」です。

特に新人の頃にはミスが起こりがちなため、現場チーフによる二重のインスペクションで完璧を目指します。

マンガ本編の【客室全体の仕上げと最終チェック】で紹介したのは、そんなインスペクションの一コマです。床の片隅で、ほとんど目の届かないところに「食べ物のかけらが落ちている」という事実は、小さな見落としかもしれません。しかし、こういったことが蓄積すると、ストーリーで紹介したように、衛生上の問題に発展します。また、ゲストの安全を守るためにも、ガラスの破片などは見逃すわけにはいきません。決して「見えないところだから」などと考えてはならないのです。ゲストに不愉快な思いをさせては、ホテルの品質を落としてしまいます。

つまりインスペクションには、客室の品質向上、スタッフのスキル向上という目的に加え、「これくらいは大丈夫」という意識の甘さを払拭することや、小さな見落としを防いで品質低下を起こす問題の芽を摘んでおく、という狙いも含まれているのです。

また、【こんなミスに気を付けよう①】で紹介したのは、連泊のゲストへの対応で起こりがちなトラブルです。連泊のゲストにとっては客室が〝一時の我が家〟であるため、個人の習慣や生活ルールもそこに持ち込まれることになります。連泊のゲストに対しては、個別の気配りが必要です。フロントとも連携して情報交換し、ゲストのご要望は正確に把握し、必要なこと、不要なことを理解した上で業務に臨むことが求められます。

【こんなミスに気を付けよう②】の事例は、いわゆるケアレスミスです。どんなベテランでも、時にミスはしてしまうもの。新人スタッフならなおさらです。特に、時間に追われて慌てている時や、業務上のイレギュラーが発生した時などにミスは起きる可能性が高くなり、一つのミスが次のミスを誘発することもあります。

まずは冷静に業務にあたることが大切ですが、それでもミスを起こしてしまった時には、誠心誠意、その場で謝罪をしなくてはなりません。たとえその場にお客様がいなかったとしても、直ちにチーフに報告、チーフはホテルの方に報告、という流れを徹底する必要があります。これも前述の通り、職業人としてのモラルに関わってくる問題なので、日頃からの啓発が大切です。

ちなみに、新人スタッフによくあるミスとして、「前泊者のものが冷蔵庫に入ったまま（見落とし）」、「タオルなどのセット類の入れ忘れ」などが挙げられます。

珍しいミスとしては、清掃作業中に客室の電話が鳴ったため、スタッフがうっかり電話に出ると、かけてきたのが宿泊者の奥様だったということがありました。電話に出たのが女性だったため、奥様から「あなたは誰なのか？」と詰問され、自分が客室清掃スタッフであることを説明してもなかなか理解してもらえなかった（浮気相手と勘違いされてしまった）という事例です。フロントも含めた対応で事なきを得ましたが、スタッフが不慣れで、うかつに行動してしまったために起きたトラブルでした。

こうしたミスやトラブル、クレームを極力防ぐために、スタッフの研修でミスの事例を共有しつつ、それらがなぜ起きたのか、それによってホテルはどんな損害を被るのかという教育を徹底します。同時に、ミスを起こさないというマインドの教育、及びミスを起こした際にはどう対応すべきかということも伝えつつ、清掃のプロとして、プライドを持って仕事をするという意識を高めています。

ちなみにセイビ九州では、ホテルの方から「他のホテルではどういう基準でやっているのか？」といった質問を受けることも多くあります。どのようなルールにしたら良いのか迷ってしまうことも多いようです。

たとえばマンガの中で例として取り上げた「歯ブラシを捨ててしまった」というケースがありますが、これに類似した質問もよく受けます。

「部屋においてある雑誌や新聞は忘れ物なのか？」

「ゴミ箱に入った靴や傘は？」

確かに、微妙な判断が求められる事例です。そんな時には、当社が蓄積してきたノウハウから情報を提供しています。忘れ物とゴミの区別や取扱い方、不明瞭な物の保管方法、その期間などをこれまでの多くの事例をもとに基準化し、ホテルごとのルールを共に構築することで、多くのホテルから喜んでいただいています。

＊　＊　＊

このように、客室清掃という業務では様々なスキルや知見が求められ、スタッフにも大きな責任が伴います。うまく回していくのはとても大変な仕事です。

しかし、だからこそ「私たちの仕事があるからこそ、ホテルが輝く」というプライドをもって仕事をしています。

同時に、宿泊されるお客様にとっては、ホテルマンも清掃スタッフも皆同じ「ホテルの人」です。だからこそ「私たちもホテルの一員である」という意識を持ち、どんなに忙しい時でも、ゲストの気持ちを中心に考えることをスタッフには徹底しています。

ホテルとホテルに関わる各社が連携して宿泊サービスを提供していますが、共通の目的は「利用されるお客様に、いかに喜んでいただくか、快適に過ごしていただくか」というものです。特に私たち客室清掃を担う者にとっては、ホテルもお客様であり、宿泊されるゲストもお客様になります。この「二つのお客様」に同時に満足していただくため、品質とサービスを高める努力をしつつ、効率的で生産性の高い業務を提供していくことも求められています。こうした要望に応えるため、私たちは客室清掃の現場でできることを、日々粛々と進めています。

何がワーケーションよ
ただの出張営業なだけじゃん
仕事フルで観光する
ひまないし…
ふぅ 疲れた
も〜また
配置が変わってる
まぁ…いいか
ふぁ〜さっさと
風呂はいって寝よ
ん?

なにこれ？ 雑巾？
ばっ
しかも歯ブラシがない…
勘弁してよね！こっちはお金払ってるんだから！
○×▲※〜〜！
誠に申し訳ございません！

ばたんっ
705
藤田さん ちょっと！
は…はい
どうやら 自信を なくしちゃったみたいね
えっ…

張り切ってこの仕事に就いたのはいいけど毎日忙しくてミスばかり続いて…
やっぱり私 この仕事に向いてないみたい 大方そんなところかしら？
なんだか…やりがいを見失ってしまったっていうか…
やりがいねぇ
客室清掃はね 小さなことの積み重ね
逆に小さなミスが重なると 今日みたいなことになる

それに加えて華やかな表舞台には出ずに裏方に徹する仕事だし体力は使うし
でも忘れないでほしいのはお客様の満足を作り上げているのは私たちだってこと
満足を…作る？
そうホテルの価値を高める って言ってもいいかもね
お客様が過ごすのは客室だから
そのお客様の満足は私たちに全てかかっているの
このホテルは客室数２百だから１年間でのべ７万３千室になるけど
それだけの満足を私たちは作り出せるのよすごいことだと思わない？

……
やりがいっていうのはね あなたの中にあるのよ
そう簡単には見つからないかもしれないけど
頑張って探してみたらどうかしら？
パァアァァ
…はい！
佐野さんって 意外とロマンチストなんですね
うるさい

バスタブよし！
ベッドよし！
お客様目線 よし！
コンコンコン
よし 次の部屋！
ガチャッ
この部屋もきれいにするぞ！

ん？
清掃をされた方へ
お疲れ様でした！
お疲れ様～
佐野さん！待って！
？
私…
ハァハァ

私 佐野さんみたいな指導者になります！
へ？
何かあったの？
えへへ♪
佐野さんに追いつけ追い越せ！
もう〜変なひと！
部屋のすみからすみまで行き届いた清掃有難うございました。
おかげさまでとても気持ちよくすごすことができました。

あとがき

本書では、「幸循環を生み出す客室清掃マジック」と題して、ホテル客室清掃での様々な現場事情を紹介しました。

紹介できた事例はほんの一部ですが、客室清掃スタッフの素顔や、現場での様々なトラブル、そして客室清掃の品質とサービスを高めていく意義などを感じていただけたのではないかと思います。

＊　＊　＊

冒頭でお伝えした通り、セイビ九州の創業は昭和44年。ちょうど西鉄グランドホテルが開業したのと同じ年です。同ホテルは当社にとって初めてのお客様となりました。当時私はまだ幼い子どもでしたが、福岡で初のシティホテルができたと大きな話題を呼んだそうです。これ以降、セイビ九州は福岡及び九州の、ホテル業界の発展と共に歩んできたことになります。

先代の父は既に他界していますが、仕事をする上で常に口にしていたのは「人を好きになれ」ということでした。

「まずはこちらから相手を好きになる」。その気持ちは必ず相手へ伝わる。そうすれば相手からも自然に好かれるようになる。それがいつしか、かけがえのない信頼関係になり、信頼は仕事の責任感にもつながっていく。そして結果として〝いい仕事〟ができるようになる。これが父の持論です。

確かに、たとえどんなに頭が切れる人物でも、あるいは仕事ができる人であっても、嫌われてしまったら相手はその良さを見てくれません。また、人を好きになったら、その相手に好かれるだけでなく、こちらから積極的に喜びを与えていきたいと思うようになるものです。そうした能動的な行為の結果、人から感謝されて、そこで初めて「ありがとう」の言葉をいただくことができる。こうした心構えは、「**好かれ、喜ばれ、感謝され**」という当社の合言葉として、今も生きています。

もし当社が、施設のメンテナンスだけを行う会社や、あるいは清掃業務だけしか知らない会社だったとしたら、ホテルのことにここまで精通できていなかっただろうと思います。会社を立ち上げた者が元ホテルマンであり、ホテル業界そのものを愛していたことがセイビ九州の事業の根底にあり、それは脈々と受け継がれています。今もホテル経験者が多く入社してくるのは、そういった社風に起因するのかもしれません。これもセイビ九州の強みだと、私は思っています。

私が事業の承継を受けたのは平成9年。当時はまだ30代前半でしたが、若気の至りで突き進み、失敗や挫折も数えきれないほど経験しました。それについてページを割くのは控えますが、そんな中でもお客さまや周囲の関係者から多くの指導をいただき、私も様々な経営者の集まりなどに足を運んで、会社経営のこと、人を動かすことの大事さを学びました。客室清掃業務についても経験を重ねる中で自分なりの改善を進め、お客様の声を聞き、より喜ばれるサービスの提供に努めてきました。

そんな中で、いつも考えさせられるのが「建物は建った瞬間のクオリティが最高である」ということです。

ホテルという業界は華やかな世界ですが、施設は時間の経過と共に少しずつ古びていきます。これに例外はありません。それでも、建物の健康寿命をできるだけ延ばし、美しさを維持していくのが施設管理の仕事であり、客室清掃の使命だと考えています。

本書では、そうした考えに基づいて培ってきた当社の現場ノウハウの一部を紹介しましたが、50年を超える歴史の中で、蓄積したことは他にも山ほどあります。

第2弾では、「幸循環を生み出すチーフへの道」と題して、現場チーフが務める役割や、その立場の重要性、チーフ育成のポイントなどを紹介していきたいと思います。本書とあわせて、そちらもご一読いただければ幸いです。

《編　著》

㈱セイビ九州

本社：〒 812-0011 福岡市博多区博多駅前 1-19-3 博多小松ビル 3F
TEL：092-451-4313　FAX：092-451-4315
https://www.seibiq.co.jp/

《SPECIAL THANKS》

取材協力　プレジデントホテル博多 様
シナリオ　浮辺剛史

客室清掃《きゃくしつせいそう》の魔法《まほう》 —幸循環《こうじゅんかん》を生《う》み出《だ》す客室清掃《きゃくしつせいそう》マジック—

令和 3 年 11 月 30 日発行

編　　著　㈱セイビ九州
マンガ　松本康史
発行者　田村志朗
発行所　㈱梓書院
〒 812-0044 福岡市博多区千代 3 丁目 2-1
tel 092-643-7075　fax 092-643-7095

ISBN978-4-87035-726-6